BEI GRIN MACHT SICH IHR
WISSEN BEZAHLT

Familienmediation. Aspekte der Freiwilligkeit, Bedeutung der Emotionen und Einbeziehung Minderjähriger

Tina Kylau

Bibliografische Information der Deutschen Nationalbibliothek:

Die Deutsche Nationalbibliothek verzeichnet diese Publikation in der
Deutschen Nationalbibliografie; detaillierte bibliografische Daten sind
im Internet über http://dnb.d-nb.de abrufbar.

ISBN: 9783346749970
Dieses Buch ist auch als E-Book erhältlich.

Druck und Bindung: Books on Demand GmbH, Norderstedt Germany
Gedruckt auf säurefreiem Papier aus verantwortungsvollen Quellen

Das vorliegende Werk wurde sorgfältig erarbeitet. Dennoch
übernehmen Autoren und Verlag für die Richtigkeit von Angaben,
Hinweisen, Links und Ratschlägen sowie eventuelle Druckfehler keine
Haftung.

Das Buch bei GRIN: https://www.grin.com/document/1289893

Modularbeit zur Familienmediation

1. Freiwilligkeit

a.

Das Prinzip der Freiwilligkeit wird im Mediationsgesetz § 1 Abs. (1) zunächst als ein Merkmal der Mediation definiert. Hier wird die Mediation als ein vertrauliches und strukturiertes Verfahren definiert, bei dem die Parteien freiwillig und eigenverantwortlich eine einvernehmliche Beilegung ihres Konfliktes anstreben. In § 2 Abs. (2) ist die Pflicht des Mediators[1] verankert, die freiwillige Teilnahme an der Mediation zu sichern, indem er sicherstellt, dass alle Beteiligten die Prinzipien und den Ablauf verstanden haben. § 2 Abs. (5) regelt die Möglichkeiten zur Beendigung des Verfahrens der Parteien und durch den Mediator. Entwickelt der Mediator den Eindruck, dass die Beteiligten nicht (mehr) in der Lage sind, eigenverantwortlich zu handeln und/ oder zu kommunizieren, so sollte er das Verfahren abbrechen. Die Beteiligten selbst können die Mediation zu jeder Zeit, ohne Nennung von Gründen und ohne Konsequenzen befürchten zu müssen, beenden.

b.

Freiwilligkeit kann als Bereitwilligkeit definiert werden. Bereitwilligkeit bedeutet in diesem Fall, dass die Medianden bereit sind, sich zunächst auf das Verfahren der Mediation einzulassen.[2] Freiwilligkeit/Bereitwilligkeit wird darin zunächst grundgelegt, dass die Medianden sich für die Durchführung der Mediation ohne Zwang von außen entscheiden. Im Verlaufe des Verfahrens kann diese Entscheidung jederzeit revidiert werden und die Mediation sanktionsfrei beendet werden.[3] Freiwilligkeit bedeutet folglich: Die Medianden sind zu jeder Sekunde der Mediation willig an dieser teilzunehmen und ihren Lösungsprozess mit der Vermittlung des Mediators zu gestalten. Sie haben jederzeit die Chance, die Mediation ohne Konsequenzen zu beenden. Der Aspekt der Bereitwilligkeit kann aus emotionspsychologsicher Sicht begründet werden. Konfliktbeteiligte benötigen einen extrinsischen Impuls zur Inanspruchnahme professioneller Hilfe. Ihnen fehlt in der Konfliktsituation die Vorstellung, dass professionelle

---

[1] Aus Gründen der einfacheren Lesbarkeit werden im laufenden Text männliche Bezeichnungen verwendet, die selbstverständlich die weiblichen Bezeichnungen miteinschließen sollen.

[2] vgl. Duss- von- Werdt, Joseph: Systemische Einführung in die Mediation, S.48
[3] vgl. Ponschab, Reiner: Mediation und Litigation, S.50

Hilfe, in diesem Fall eine Mediation, die Verständigung und Vermittlung fördern könnte. Vertretbar ist dieses Vorgehen im Sinne der Freiwilligkeit, da die mediative Arbeit so angelegt ist, dass in jedem Moment des Prozesses angestrebt wird, die Grundbedürfnisse der Medianden in angemessener Weise zu berücksichtigen.[4] Dieses wichtige Element der mediativen Arbeit fördert die Freiwilligkeit bzw. den Prozess, in dem die Bereitwilligkeit zur Freiwilligkeit wird.

Die Mediationsbereitschaft ist gegeben, wenn alle Medianden das Ziel verfolgen, gemeinsam mit der Vermittlung des Mediators, eine einvernehmliche, konsensuale und interessenorientierte Lösung zu erarbeiten. In diesem Zusammenhang steht das Vermögen der Medianden, eigenverantwortlich zu handeln, sich entsprechend artikulieren zu können und auch die Bereitschaft, Verantwortung für den Lösungsprozess und die Lösung zu übernehmen.[5] Dieses setzt voraus, dass die Medianden eine Lösung des Konfliktes wollen und die Bedeutung einer konstruktiven und eigenverantwortlichen Konfliktbearbeitung verstehen.[6] Liegen hier Einschränkungen aufgrund von Erkrankungen, Kognition, Sucht o.ä. vor, so liegt es nahe, dass die potenziellen Medianden in ihrem Willen und Wollen eingeschränkt sind und nicht (mehr) vollständig Herr ihres Bewusstseins sind. So bedeutet dies, dass die Bereitwilligkeit nicht gegeben sein kann und der Mediator diese Mediation abbrechen oder ablehnen muss.

Unter § 2 Abs. (2) MedG ist verankert, dass der Mediator sich über die freiwillige Teilnahme an der Mediation vergewissert. Dieses ist von großer Bedeutung, wenn ein offensichtliches Machtgefälle vorliegt. In diesem Fall sollte der Mediator die Freiwilligkeit besonders sorgsam und achtsam prüfen und sicherstellen, dass das Machtungleichgewicht ausgeglichen werden kann. Ist dies nicht der Fall, sind die Bedingungen für eine Mediation nicht erfüllt, da hier die Freiwilligkeit einer Partei durch äußere Zwänge eingeschränkt ist. Dieses ist der Fall, wenn eine Partei so überlegen ist, dass sie die Verhandlungskonditionen bestimmen kann.[7]

Verstrickungen, die die Freiwilligkeit begrenzen können, sind besonders achtsam zu betrachten und zu prüfen. Hierbei handelt es sich um

---

[4] vgl. Kaiser, Peter; Gabler, Andrej Marc; Lohmann, Felix; Meins, Katrin: Emotionen im Konflikt- Wirkfaktoren in der Mediation, in: Fischer/ Unberath: Grundlagen und Methoden der Mediation, S. 53
[5] vgl. Ade, Juliane; Alexander, Nadja: Mediation und Recht, S.29
[6] vgl. Hinrichs, Ulrike: Praxishandbuch Mediationsgesetz, S.40
[7] vgl. Kracht, Stefan: Aufgaben des Mediators, S.49

2

Abhängigkeiten der Parteien zueinander und im weiteren Umfeld. Hier gilt es, die Art der Beziehung zu analysieren. Besteht eine wirtschaftliche oder psychische Abhängigkeit zwischen den Parteien?[8] Steht eine der Parteien aufgrund dieser Abhängigkeit unter äußerem Druck? Stehen die Parteien möglicherweise in Abhängigkeit zu anderen Personen, die von der Konfliktlösung profitieren oder einen Nachteil haben?[9] Eine wirtschaftliche Abhängigkeit ist beispielsweise immer gegeben, wenn ein Arbeitgeber eine Mediation ansetzt. Der Arbeitnehmer hat zwar faktisch die Möglichkeit, die Mediation abzulehnen, jedoch kann angenommen werden, dass in diesem Fall andere Konsequenzen folgen würden, die bis hin zu einem Verlust vom Arbeitsplatz gehen könnten. Freiwilligkeit ist in diesem Fall besonders sensibel unter dem Begriff der Bereitwilligkeit zu prüfen. Allgemein kann festgehalten werden, dass die Freiwilligkeit besonders zu prüfen ist, wenn der Initiator der Mediation kein Teilnehmer der Mediation ist. Bei allen Situationen und Konstellationen in einer Mediation, die eine Begrenzung der Freiwilligkeit offenbaren oder erahnen lassen, sollte dieses offen vom Mediator thematisiert werden, um sicherzustellen, dass die Teilnahme nach wie vor auf freiwilliger, bereitwilliger Basis erfolgt. Dieser Aspekt von Freiwilligkeit lässt sich auf den vorliegenden Fall von Marina und ihren Eltern übertragen. Sie setzt voraus, dass die Eltern eine Mediationsvereinbarung vorlegen können, damit diese zur Hochzeit kommen dürfen. Damit entsteht ein Druck von außen auf die geschiedenen Eltern, sofern diese das gemeinsame Interesse verfolgen, dass beide zu der Hochzeit kommen dürfen. Sofern ein Elternteil dieses Interesse nicht verfolgt, besteht keine Notwendigkeit an der Mediation teilzunehmen. Verfolgt er das Interesse zu kommen, ist es notwendig, dass er sich zunächst auf die Mediation einlässt und damit wäre der Aspekt der Freiwilligkeit im Sinne der Bereitwilligkeit gegeben. Als weiterer Aspekt kommt in diesem Fall dazu, dass die Ergebnisoffenheit gegeben ist und die Freiwilligkeit/ Bereitwilligkeit sich auf das Gestalten einer konsensualen Lösung bezieht.

Der Mediator hat durch die Gestaltung des Verfahrens die Möglichkeit Einfluss auf die Bereitwilligkeit der Medianden zu nehmen. In der Zusammenarbeit mit Medianden, die zunächst kritischer sind, sich dennoch versuchen auf die Mediation einzulassen, kann er versuchen durch seine innere Haltung und seine Gestaltung des Verfahrens, indem er

---

[8] vgl. Ade, Alexander: Mediation und Recht, S.22
[9] vgl. Hinrichs: Praxishandbuch Mediationsgesetz, S.41

beispielsweise nachfragt, was die Medianden benötigen, um sich auf das Verfahren einlassen zu können, die Bereitwilligkeit zu fördern. Dieses ist vereinbar mit dem Grundsatz der Eigenverantwortung, da der Mediator durch das Erschaffen des äußeren Rahmens die Freiwilligkeit fördert. Auch im vorliegenden Fall wären Interventionen zur Förderung der Bereitwilligkeit denkbar.

Wird eine Mediation gerichtlich angeordnet, so ist das vereinbar mit dem Grundprinzip der Freiwilligkeit, da die Möglichkeit besteht, die Mediation jederzeit zu beenden.[10]

2. Die Bedeutung der Emotionen

a.

Emotionen nehmen in einem transformativen Ansatz der Mediation eine bedeutungsvolle Funktion ein. Emotionen treten aus unserem Inneren an die Oberfläche und resultieren aus unerfüllten, physischen, seelischen und geistigen Bedürfnissen, die zunächst verborgen bleiben. Sichtbar ist zunächst nur das Verhalten einer Person. Daraus ergibt sich, dass sie eine wichtige Ressource in der Konfliktbearbeitung darstellen, da sie uns zu unseren Bedürfnissen führen.[11] Es gilt festzuhalten, dass immer ein Zusammenhang zwischen der emotionalen Relevanz und der persönlichen Bedeutung besteht. Dementsprechend ist zu beachten, dass sich hinter der auftretenden Emotion etwas verbirgt, dass einen Teil des Konfliktes darstellt und daher tiefgründig betrachtet werden muss.[12] Das Bewusstsein über die Bedürfnisse und die Erfüllung stellen einen Schlüssel zur nachhaltigen Konfliktklärung dar.

Die Identifikation der Beteiligten mit ihrer Position wirkt bei der Entwicklung eines Konfliktes konfliktfördernd. Die Beteiligten fühlen sich auf der persönlichen Ebene angegriffen, wenn die andere Partei den Standpunkt des anderen kritisiert.[13] Resultierend daraus, verharren die Beteiligten immer weiter in ihren Positionen. Diese Verhärtung führt sie unbewusst in den Kampfmodus, da sie ihre tiefliegenden Bedürfnisse als gefährdet erleben. Die Beteiligten befinden sich unbewusst im Überlebensmodus, der

---

[10] vgl. Hinrichs: Praxishandbuch Mediationsgesetz, S.41

[11] vgl. Rosenberg, Marshall B.: Gewaltfreie Kommunikation, Eine Sprache des Lebens, S. 97ff

[12] vgl. Kaiser, Gabler, Lohmann, Meins: Emotionen im Konflikt- Wirkfaktoren in der Mediation, in: Fischer/ Unberath: Grundlagen und Methoden der Mediation, S. 54

[13] vgl. Kaiser, Gabler, Lohmann, Meins: Emotionen im Konflikt- Wirkfaktoren in der Mediation, in: Fischer/ Unberath: Grundlagen und Methoden der Mediation, S. 43

gekennzeichnet ist, von Angriff und Verteidigung und aus den Grundemotionen Wut, Angst und Niedergeschlagenheit entsteht.[14]

Die Medianden sind sich der Emotion und der damit verknüpften Bedeutung, ihren Bedürfnissen, Motiven, Interessen oder Antreibern nicht bewusst. Aus diesem Grund ist es notwendig, die Emotionen als solche wahrzunehmen und zu benennen, um dann herauszuarbeiten, aus welchen unerfüllten Bedürfnissen diese resultieren. Dieser Teil ist essenziell für die dritte Phase, in der die Parteien zuerst die Selbstklärung erleben.

Emotionen werden durch unbewusste und nicht beeinflussbare psychische und neuronale Strukturen gelenkt. Daraus ergibt sich, dass sie einfach auftreten, ohne dass wir Einfluss nehmen können.[15] Unsere Gefühle haben jedoch Einfluss auf unser Denken und Handeln. So lassen negative Gefühle wie o. g. Angst oder Wut negative Gedanken entstehen. Hier setzt der transformative Gedanke der Mediation an. Vereinfacht dargestellt bedeutet das: Die negativen Gefühle entstehen, weil ein Bedürfnis nicht befriedigt ist. Damit negative Gefühle in positive Gefühle transformiert werden können, müssen diese zuerst wahrgenommen und benannt werden.

Im Konflikt ist das Gefühlserleben deformiert. Es werden nur noch einseitige Gefühle erlebt, was zur Folge hat, dass die Konfliktbeteiligten in ihren negativen Gefühlsempfindungen feststecken. Das sogenannte „Wechselbad" der Gefühle kann nicht mehr erlebt werden, die Konfliktbeteiligten werden nach innen zunehmend empfindlicher, ihre Empathiefähigkeit geht verloren und dadurch geht die Verbindung zu anderen Lebewesen, insbesondere Menschen, verloren.[16] Dieses einseitige Gefühlserleben führt im Unbewussten zu Abwehrmechanismen, die verhindern, dass Handlungen und Verhaltensweisen nur noch so wahrgenommen werden, dass sie in das sich bereits entwickelte, negative Bild passen.[17] Dieser Prozess läuft im Unbewussten ab und hat demnach die Konsequenz, dass die Konfliktbeteiligten es nicht bewusst wahrnehmen können. Der Mediator, als eine dritte, neutrale Person, kann diese Emotionen wahrnehmen, wertschätzen, akzeptieren und benennen und den Medianden durch geeignete Fragetechniken und Kommunikationsmethoden bewusst

---

[14] vgl. Ballreich, Rudi; Glasl, Friedrich: Mediation in Bewegung, S. 40ff
[15] vgl. Kaiser, Gabler, Lohmann, Meins: Emotionen im Konflikt- Wirkfaktoren in der Mediation, in: Fischer/ Unberath: Grundlagen und Methoden der Mediation, S. 48
[16] vgl. Ballreich, Glasl: Mediation in Bewegung, S. 26f
[17] vgl. Kaiser, Gabler, Lohmann, Meins: Emotionen im Konflikt- Wirkfaktoren in der Mediation, in: Fischer/ Unberath: Grundlagen und Methoden der Mediation, S. 47

machen. Wichtig ist, dass die negativen Gefühle zugelassen und verstanden werden und als Ressource genutzt werden. Die negativen Gefühle führen zu den unerfüllten Bedürfnissen der Medianden und stellen damit den Kern der transformativen Mediation dar.

b.

In der folgenden Ausführung wird der Umgang des Mediators mit starken Emotionen betrachtet. Um mit starken Emotionen ressourcenorientiert zu arbeiten, ist es hilfreich zu verstehen, woher diese resultieren, um entsprechende Erkenntnisse in der praktischen Umsetzung zu berücksichtigen. Dementsprechend soll zuerst dargestellt werden, wie diese entstehen.

Unser Unbewusstes beeinflusst unsere Wahrnehmung, unsere Handlungen, unsere Kognition und unsere innere Befindlichkeit. Emotionen entstehen in verschiedenen Bereichen in unserem Gehirn. Im Hippocampus entstehen die sogenannten bindungszentrierten Emotionen. Bindungsbezogene Emotionen entstehen aus dem Erleben sozialer Bindungen. Diese sogenannten bindungsbezogenen Emotionen können als Freude, Glück, bewegt sein oder auch berührt sein erlebt werden. Soziale Bindungen können unabhängig von Rollen oder Normen entstehen.[18]

In unserem Unbewussten entstehen starke Emotionen, wenn wir unsere Grundbedürfnisse als bedroht empfinden. Dieses ist evolutionär begründet und sicherte das Überleben. Diese Emotionen des Unbewussten in Situationen, die als Gefahr wahrgenommen werden, hat zur Folge, dass die bindungsbezogenen Emotionen runtergefahren werden.[19] Zur Veranschaulichung soll hier die Begegnung mit dem Säbelzahntiger in vorangegangenen Zeiten angeführt werden. Angenommen eine Familie verbrachte eine friedvolle Zeit gemeinsam am Lagerfeuer. Dabei erlebten die Familienmitglieder Freude, Glück und Verbundenheit. Wenn plötzlich ein Säbelzahntiger auftauchte, fürchtete die Familie um ihr Leben. Ihr Bedürfnis nach Sicherheit war in Gefahr. Das Unbewusste hatte schlagartig aus einem Affekt die Emotion der Angst aufkommen lassen, welche in diesem Fall notwendig war und das Überleben sicherte. Der Körper befand sich im

---

[18] vgl. Koelsch, Stefan: Emotionen im Konflikt- Neurobiologische Grundlagen, in: in: Fischer/ Unberath: Grundlagen und Methoden der Mediation, S. 26ff
[19] vgl. Koelsch: Emotionen im Konflikt- Neurobiologische Grundlagen, in: in: Fischer/ Unberath: Grundlagen und Methoden der Mediation, S. 28

Angstzustand, um der Gefahr auszuweichen und nahm nur noch lebensbedrohliche Anzeichen in der Umgebung wahr. Der Körper befand sich im Überlebensmodus. Da dieser Gefahrenmodus oder Überlebensmodus evolutionsbedingt in uns ist, kommt ihm im Konflikt eine wesentliche Bedeutung zu.

Die Affektlogik oder „Logik des Irrationalen" manifestiert sich bei den Affekten des Unbewussten. So laufen die Wutlogik, Angstlogik, Schuldlogik, Sorgelogik, Hasslogik, Ablehnungslogik und Rachelogik, etc. nach dem gleichen Muster ab. Bei Wut beispielsweise filtert das Unbewusste die Wahrnehmung so weit, dass nur noch das Störende an dem Gegenüber gesehen werden kann. Informationen, die diesem manifesten Bild widersprechen, können nicht mehr als solche wahrgenommen werden. Sie können wahrgenommen werden, werden folglich jedoch anders bewertet und möglichweise fehlinterpretiert. Als Folge entstehen körperliche Reaktionen, die die Wut ausdrücken.[20] Dieser schleichende, unbewusste Prozess setzt sich im Konfliktgeschehen fort und hat zur Folge, dass klares Denken und bewertungsfreies Wahrnehmen nicht mehr möglich sind. Die Konfliktbeteiligten befinden sich in einer anhaltenden Gefahrensituation. Als Konsequenz folgt, dass die Aktivität im Hippocampus heruntergefahren bleibt und bindungszentrierte Emotionen nicht mehr entstehen können. Somit ist Mitgefühl, Freude und Glück unmöglich. Abhängig davon, wie weit ein Konflikt bereits eskaliert ist und wie die Beteiligten die Eskalation subjektiv empfinden, geht demnach hervor, dass starke Emotionen in der Mediation auftreten können.

Eine Möglichkeit mit starken Emotionen in der Mediation umzugehen, stellt das strukturierte Verfahren selbst dar. Durch die äußere Struktur und das Vereinbaren von Regeln, wird den Medianden ein Rahmen geschaffen, der Klarheit über den Ablauf und damit Sicherheit bietet. Eine Visualisierung über die Phasen des Verfahrens schafft zusätzliche Sicherheit.[21]

Ebenso stellt der Aufbau einer mediativen Allianz einen wichtigen Faktor in diesem Zusammenhang dar. Dabei spielt die Person des Mediators eine entscheidende Rolle. Die Akzeptanz und Anerkennung des Mediators schafft eine soziale Bindung zwischen den Medianden und Mediator. In der

---

[20] vgl. Koelsch: Emotionen im Konflikt- Neurobiologische Grundlagen, in: in: Fischer/ Unberath: Grundlagen und Methoden der Mediation, S. 26f
[21] vgl. Koelsch: Emotionen im Konflikt- Neurobiologische Grundlagen, in: in: Fischer/ Unberath: Grundlagen und Methoden der Mediation, S. 34

jeweiligen Beziehung Mediand/Mediator entsteht Vertrauen. Vertrauen bildet die Grundlage sozialer Beziehungen. Durch das Erleben von Vertrauen mit dem Mediator können diese im System für bindungszentrierte Emotionen wieder entstehen. Diese Emotionen wirken bei der triadischen Kommunikation und werden gefördert. Gelingt es dem Mediator nicht, Vertrauen zu den Medianden aufzubauen, ist der Umgang mit starken Emotionen problematisch, da möglicherweise der Mediator als parteiisch wahrgenommen wird und mit in die „Logik des Irrationalen" gerät. Bei mangelndem Vertrauen besteht die Gefahr, dass das Verhalten des Mediators ebenso als bedrohlich eingestuft wird. In diesem Fall können die starken Emotionen nicht als Ressource dienen. Daher wäre es sinnvoll, diese Wahrnehmung als Mediator zu thematisieren, z. B. wie folgt: „Sie wirken gerade sehr empört oder auch wütend auf mich. Liegt es möglicherweise daran, dass ich Sie an die vereinbarten Regeln erinnert habe?" Im Abschluss wäre es wichtig, ehrlich nachzufragen, was der Mediand von mir als Mediator benötigt, um weiterhin mitarbeiten zu können. Insbesondere im Umgang mit Emotionen, haben die Achtsamkeit und die Präsenz im gegenwärtigen Moment eine elementare Rolle. Dadurch schafft der Mediator in seinem Inneren eine Haltung, die es ermöglicht, die Bedürfnisse hinter den Emotionen zu hören.[22]

Aus den Erkenntnissen geht hervor, dass die starken Emotionen aus den Affekten des Unbewussten resultieren. Um dieses Muster zu durchbrechen, ist es notwendig, dass der Mediator die Emotionen wahrnimmt, benennt und wertschätzend das sich dahinter versteckende Bedürfnis erfragt. Hierbei kann der Mediator z. B. die Gewaltfreie Kommunikation verwenden. Ein möglicher Umgang mit starken Emotionen unter Nutzung der Gewaltfreien Kommunikation könnte so aussehen: Zuerst beobachtet der Mediator und nimmt wertfrei wahr. Im nächsten Schritt macht er sich das wahrgenommene Gefühl klar und verbalisiert es. Er bildet eine Hypothese, mit welchem Bedürfnis dieses Gefühl verknüpft ist und erfragt dieses bei den Medianden.[23]

Ballreich/Glasl führen an, dass es zu den Aufgaben des Mediators gehöre, nach dem 1. Schritt, der Vorphase und Einleitung in die Mediation, eine umfassende Konfliktanalyse durchzuführen, um u. a. die Eskalationsstufe festzustellen und eine geeignete Intervention zu planen. In diesem

---

[22] vgl. Rosenberg: Gewaltfreie Kommunikation, Eine Sprache des Lebens, S. 168
[23] vgl. Rosenberg: Gewaltfreie Kommunikation, Eine Sprache des Lebens, S. 153

Zusammenhang wird angeführt, dass ab Eskalationsstufe 4 zunächst getrennte Gespräche erforderlich sind und eine gemeinsame Sitzung erst durchgeführt werden soll, wenn die Parteien Vertrauen in die Vermittlung gewonnen haben.[24] Dieses Vorgehen entspricht einem ressourcenorientierten Handeln. Es ist anzunehmen, dass die Parteien sich ab Eskalationsstufe 4 im Beisein der Gegenpartei nicht öffnen werden, da die Fronten verhärtet sind.

Ist der Konflikt bis Eskalationsstufe 3 eskaliert, kann der Mediator durch die Gestaltung der Kommunikation bereits Einfluss nehmen, wie sich die Gefühle entwickeln. Der Mediator kann z. B. in Schritt 2, in dem die Parteien die Außenwahrnehmung beschreiben, bereits die Parteien anleiten, Satzanfänge zu verwenden, die die Subjektivität der Sichtweise betonen. Dieses Vorgehen ermöglicht es, die vermeintlichen Tatsachen zu verlassen. Dabei wird der erzählenden Partei bewusst, dass es ihre Perspektive ist, die sie beschreibt und dieses ermöglicht der anderen Partei ein offeneres Mithören. Das Risiko besteht, dass die erzählende Partei während der Erzählungen dieses dennoch wieder vergisst und in alte Muster zurückfällt. In diesem Fall ist der Mediator gefordert, die Partei zu unterbrechen und sie wieder an die Satzanfänge zu erinnern. Würde er die Partei länger in dem Modus der Anschuldigungen sprechen lassen, ist es naheliegend, dass die negativen, starken Gefühle bei der Gegenpartei aufkommen.[25]

Wenn die Medianden hoch eskalativ sind und einander anschreien oder durcheinanderreden, ist es notwendig, dass der Mediator unterbricht, um die Medianden verfahrensdienlich und prozessorientiert zurückzuführen. Der Mediator übernimmt die Rolle eines Übersetzers. Er übersetzt die starken Emotionen in die darunterliegenden Bedürfnisse. Beim Unterbrechen spielt die innere Haltung des Mediators eine große Rolle, die sich in dem „Wie" er unterbricht, ausdrückt. Seine Absicht sollte es sein, die Aufmerksamkeit des Medianden zurückzugewinnen und den Prozess wieder herzustellen. Dazu kann er sich wieder der Gewaltfreien Kommunikation bedienen. Er beobachtet, nimmt Gefühle wahr und benennt diese, erfragt dann das vermutete Bedürfnis hinter dem Gefühl und formuliert zuletzt eine mögliche Bitte in klarer und positiver Handlungssprache.[26]

---

[24] vgl. Ballreich, Glasl: Mediation in Bewegung, S. 65
[25] vgl. Ballreich, Glasl: Mediation in Bewegung, S. 64
[26] vgl. Rosenberg: Gewaltfreie Kommunikation, Eine Sprache des Lebens, S. 171

Das Herausarbeiten der Bedürfnisse und Interessen, die sich hinter den starken Emotionen verbergen, führt dazu, dass emotionale Attraktor-Wirkung entschärft wird.[27] Dementsprechend wird die als Gefahr wahrgenommene Situation entschärft und dem Mediand eröffnet sich ein Zugang zu seinem Innenleben und folglich auch wieder die Möglichkeit, bindungszentrierte Emotionen in Bezug auf den anderen Medianden zu erleben. Erst wenn die Selbstklärung allumfassend stattgefunden hat, ist die Gefahrensituation überwunden, die „Logik des Irrationalen" durchbrochen und damit die starken Emotionen transformiert. Es ist von zentraler Bedeutung, dass der Mediator sich von der „Logik des Irrationalen" nicht mitreißen lässt. Er sollte sich die Affektlogik immer wieder bewusst machen und in seiner Mitte bleiben. Die mediative Haltung des Mediators spielt hierbei eine wichtige Rolle, da sie sich implizit im Umgang mit den starken Emotionen äußert. Der Mediator benötigt hierfür ausreichend Geduld und den Willen, sich mit anderen Menschen zu verbinden.

Darüber hinaus ergibt sich aus den Ausführungen, dass der Mediator als „Herr des Verfahrens" in dieser Aufgabe präventiv großen Einfluss auf das Auftreten der starken Emotionen nehmen kann, indem er die einzelnen Bestandteile des Konfliktes zunächst umfassend antizipiert und dann seine Gestaltung danach ausrichtet.

c.

Das ausgewählte Phasenmodell der Mediation ist entnommen bei *Ballreich/Glasl* und orientiert sich an dem Gedanken der Mediation als ein U-Prozess. Der tiefste Punkt im U stellt den Tiefgang zu den seelischen Bedürfnissen dar, dem sogenannten intentionalen Wendepunkt.[28]

Die *1. Phase* wird als *Vorphase und Einleitung in die Mediation* beschrieben. Kennzeichnend für diese Phase ist, dass das Erarbeiten einer Lösung ohne eine dritte Person gescheitert ist und die Parteien sich daher an einen Vermittler wenden. Zu dieser Zeit stehen in der Regel noch konkrete Forderungen gegenüber. Das Miteinander hat keine Vertrauensbasis mehr. Emotionen wie Ärger, Wut, Hass, Frustration herrschen vor und Feindseligkeit hat sich bereits manifestiert. Ziel dieser Phase ist es, ein Arbeitsbündnis zu schaffen, indem das Verfahren transparent gemacht wird

---

[27] vgl. Koelsch: Emotionen im Konflikt- Neurobiologische Grundlagen, in: in: Fischer/ Unberath: Grundlagen und Methoden der Mediation, S. 27
[28] vgl. Ballreich, Glasl: Mediation in Bewegung, S. 60ff

und die Rollen geklärt werden. Erst nach Schaffung eines äußeren Rahmens kann der Prozess der Konfliktklärung beginnen und somit transformativ mit den Emotionen gearbeitet werden.[29] In der **2. Phase**, die als *Wahrnehmungen und Sichtweisen* bezeichnet wird, wird das Ziel verfolgt, dass die Parteien die Subjektivität ihrer Perspektive erkennen und dadurch diese abgemildert wird. Werden die Parteien angeregt, ihre Beobachtungen darzulegen, so geschieht dieses häufig in Verbindung mit emotionaler Willensäußerung, die sich in Bewertungen und Urteilen ausdrückt. Es kann angenommen werden, dass die Parteien in diesem Muster der Vorwürfe und Gegenvorwürfe feststecken, welches als Folge, die unter der 1. Phase angeführten Emotionen hat. Um dieses Muster zu durchbrechen, fördert der Mediator in dieser Phase eine Kommunikation, die die Subjektivität der Sichtweise darlegt. Dieses kann z. B. geschehen, indem der Mediator den Parteien Satzanfänge anbietet, mit denen diese ihre Schilderungen darstellen sollen. Ein möglicher Satzanfang wäre hier: „In meiner Erinnerung geschah...". Dieser veränderte Sprachgebrauch schafft eine offene Atmosphäre und ermöglicht es so der anderen Partei, mitzudenken und mitzufühlen. Gleichzeitig hilft die Sprache der erzählenden Partei, Abstand von der eigenen Position zu gewinnen. Auch wenn die Parteien diesem Vorgehen zustimmen, und es zunächst versuchen umzusetzen, besteht die Gefahr, dass diese in das alte Muster zurückfallen und damit wieder in die negative Emotionsspirale geraten. Um dieses zu unterbinden, muss der Mediator diesbezüglich besonders achtsam sein und ggf. intervenieren. Eine mögliche Intervention ist das Umformulieren der Forderung in eine subjektive Darstellung. Diese beschreibende Darstellung der subjektiven Wahrnehmung bildet eine wichtige Grundlage in diesem Mediationsmodell, da dieses die Folge hat, dass Emotionen schwächer werden, wenn subjektive Beobachtungen dargelegt werden. Die Parteien lernen, dass die Wahrnehmung und die Interpretation dieser zu differenzieren sind. Diese Phase eröffnet das „kognitive Wendepunkt-Erleben"[30], welches das Tor für den Blick nach innen in Phase 3 öffnet.[31] In der **3. Phase** stehen die *Gefühle* und damit der *Gefühlsausdruck* und das *empathische Verstehen* im Fokus. Das Ziel ist, den Kern des Konfliktes herauszuarbeiten, welcher in der subjektiv und unbewusst erlebten Bedürfnisbedrohung liegt, welche die negativen Emotionen hervorruft (siehe dazu 2a und b). In dieser Phase wird

---

[29] vgl. Ballreich, Glasl: Mediation in Bewegung, S. 62f
[30] Ballreich, Glasl: Mediation in Bewegung, S. 66
[31] vgl. Ballreich, Glasl: Mediation in Bewegung, S. 64ff

der Fokus von außen nach innen gelenkt und die Innenwahrnehmung erarbeitet. Um die Gefühle der Bedürfnisbedrohung hinter dem Ärger, der Wut und der Angst herauszukristallisieren, sollte der Mediator entsprechende Kommunikation anwenden. Dabei geht es vorrangig darum, dass herausgearbeitet wird, dass nicht das Handeln der anderen Partei betrachtet wird, sondern das, was in der eigenen Seele gefühlt wurde. Eine mögliche Frage ist: „Wie haben Sie sich gefühlt, als xy geschehen ist?". In dieser Phase ist es notwendig, länger in einer Emotion zu bleiben, um die Gefühle der Schwäche, Ohnmacht und Frustration zuzulassen. Diese Gefühle verbergen sich in der Regel hinter Wut, Angst und Ärger und sollten in dieser Phase ins Bewusstsein der Parteien kommen. Auch hier sind verschiedene Fragetechniken als Intervention möglich, die sich situativ nach den Parteien richten sollten. Eine wichtige Idee ist das Spiegeln der Gefühle. Dieses fördert, dass die Parteien selbst ihre Gedanken, Gefühle und Bedürfnisse äußern. Der Mediator lebt diese Empathie vor und lässt so allmählich eine Synchronisation entstehen. Wenn die Parteien jeweils in die Gefühlswelt der anderen Partei eintauchen dürfen, kann das Mitgefühl wieder entstehen. An dieser Stelle entsteht das „emotionale Wendepunkt-Erleben"[32]. Damit wurde der Weg zum *Spüren der Grundbedürfnisse* geebnet.[33] In der **4. Phase** geht es darum, die *Bedürfnisse auszudrücken* und *einander empathisch zu verstehen*. Die Basis, um zum Fühlen der Grundbedürfnisse zu kommen, bildet das Erleben und Ausdrücken der Gefühle in Phase 3. In Phase 4 dient das Fühlen der Bedürfnisnot als Zugang zu den Bedürfnissen. Dieses kann nur gelingen, wenn der Mediator an den Gefühlen, die sich hinter den auftretenden Ersatzgefühlen verbergen, dranbleibt (siehe dazu 2a). Die Parteien verstehen und durchleben, dass die Gefühle der Ohnmacht, Schwäche und Hilflosigkeit aus einer Bedürfnisbedrohung entstehen. Dabei ist es von großer Bedeutung, dass der Mediator, eine Atmosphäre schafft, in der die Parteien ihre seelischen Tiefen als geschützt empfinden. Es geht darum, dass die Parteien ihre tief liegenden Grundbedürfnisse erkennen, benennen und diese damit in ihr Bewusstsein schaffen. Gleichzeitig sollen die Parteien zu der Erkenntnis gelangen, dass bestimmte Muster, wie z. B. Macht, nur ein Mittel zur Bedürfnisbefriedigung darstellt. Auch in dieser Phase ist die Methode des gegenseitigen Spiegelns hilfreich, da die Parteien so jeweils die Bedürfnisnot der anderen Partei verstehen. Das Spiegeln auf der Ebene des Mitgefühls

---

[32] Ballreich, Glasl: Mediation in Bewegung, S. 71
[33] vgl. Ballreich, Glasl: Mediation in Bewegung, S. 66ff

stellt den entscheidenden Wendepunkt in der Mediation dar. Diese Phase ist gekennzeichnet durch ihren Tiefgang, durch welchen wieder die Verbundenheit und Menschlichkeit zwischen den Parteien entsteht. Dabei spielt die Erkenntnis, dass jeder Mensch die gleichen Grundbedürfnisse hat, eine wichtige Rolle. Dieser „intentionale Wendepunkt"[34] bietet die Grundlage, um in der nächsten Phase auf der Basis der Bedürfnisebene gemeinsame *Handlungsmöglichkeiten zu generieren.*[35] In der **5. Phase** könnte eine mögliche Frage daher sein: „Was können Sie selbst anders machen, damit Ihre Bedürfnisse befriedigt werden?". Es gilt, den Parteien zu helfen, in eine Lösungsstimmung zu kommen. Hierzu werden Kreativmethoden, wie z. B. das Brainstorming oder die Wunderfrage genutzt. Zunächst werden alle Handlungsoptionen gesammelt. Dabei sollte für jede einzelne Bedürfnisnot überlegt werden. Erst wenn ein Repertoire an Optionen gesammelt wurde, bewerten die Parteien diese. Abhängig davon, wie tief die Begegnung in der vorherigen Phase durchlebt wurde und wie stark eine Verbindung entstanden ist, besteht die Gefahr, dass die Parteien in alte Muster zurückfallen und die Emotionen wie Wut, Ärger oder Angst wieder hervortreten. In diesem Fall kann es notwendig sein, wieder in die Phase 4 zurückzukehren, um die möglicherweise noch nicht geklärten Bedürfnisse herauszufinden. Ist die Verbindung in Phase 4 geschaffen wurden, entstehen in dieser Phase Gefühle positive Gefühle, wie z.B. Freude, Verbundenheit oder Zufriedenheit. Dabei spielt auch die Art der Kommunikation eine entscheidende Rolle. Ein Vorschlag zur eigenen Verhaltensänderung von einer Partei hat dabei eine einladende Wirkung und fördert eine wertschätzende Atmosphäre. Auch hier kann der Mediator mit Kommunikationsmitteln, wie z. B. anzuregen, dass Handlungswünsche in Bitten formuliert werden und zu intervenieren, um die Lösungstrance zu erhalten. Am Ende der Phase sollten konkrete Handlungen festgelegt werden, die dann verhandelt werden.[36] In der **6. Phase** geht es darum, eine verbindliche Übereinkunft durch Verhandeln, Entscheiden, Planen und Verabreden zu treffen. Dabei sollten die Parteien ehrlich miteinander aushandeln, welche der gefundenen Optionen, die Bedürfnisse beider Parteien befriedigen. Die Parteien treffen nun konkrete Verabredungen und legen fest, wie diese umgesetzt werden. Dabei ist es wichtig, dass die Handlungen überprüfbar sind und schriftlich fixiert werden. Dieses schafft

---

[34] Ballreich, Glasl: Mediation in Bewegung, S. 73
[35] vgl. Ballreich, Glasl: Mediation in Bewegung, S. 71ff
[36] vgl. Ballreich, Glasl: Mediation in Bewegung, S. 74ff

Klarheit und Verbindlichkeit. In diesem Zusammenhang ist es auch wichtig, dass mögliche Widerstände antizipiert und angesprochen werden. Der Mediator begleitet diesen Prozess achtsam. Die neue, positive Atmosphäre, die entstanden ist, kann zur Folge haben, dass Menschen mit bestimmten Persönlichkeitsmustern nicht mehr auf die eigenen Bedürfnisse achten. In dieser Phase sind die Gefühle, wie Angst, Ärger und Wut bearbeitet und es entstehen Gefühle wie z. B. Zuversicht. Der Mediator ist hier im Sinne der Metaparteilichkeit nochmal gefragt, zu antizipieren, ob mögliche negative Nebenwirkungen an anderer Stelle, mit nicht anwesenden Personen, bei den gefundenen Umsetzungen auftreten können. Am Ende der Phase sollte eine Vereinbarung zur Begleitung der Umsetzung getroffen werden und ein Nachhaltigkeitstermin vereinbart werden, wo die Umsetzung gemeinsam reflektiert wird und möglicherweise Anpassungen vorgenommen werden. Ebenso ist es möglich, dass die Parteien eine Geste der Versöhnung, wie z. B. das Reichen der Hand oder ein gemeinsames Anstoßen setzen.[37] Die *7. Phase* ist die Phase der Umsetzung. In dieser Phase zeigt sich, wie nachhaltig und tragfähig die gefundenen Lösungen sind. Wenn die vereinbarte Umsetzung gelingt, ist davon auszugehen, dass die Parteien in diesem Kontext in ihren guten Gefühlen verweilen, da sie nun keine Bedürfnisnot mehr erleben. Sofern die Umsetzung nicht gelingt, kann es verschiedene Gründe haben, wie z. B., dass die vorherrschenden Bilder von der anderen Partei nicht als eine Verzerrung erkannt wurden oder, dass das Erleben der Bedürfnisnot noch nicht ausreichend Tiefgang hatte. In diesen Fällen ist davon auszugehen, dass die Parteien wieder unbewusst Gefühle von Wut, Angst oder Ärger erleben und diese sich wieder manifestieren. Resultierend daraus ist es notwendig, wieder in das Mediationsverfahren zurückzukehren, bis der Konflikt vollständig bearbeitet wurde.[38] Abschließend kann festgehalten werden, dass Emotionen wie Ärger, Wut und Angst in jeder Phase wieder auftreten könnten. Das Auftreten dieser Emotionen ist als Signal zu verstehen, dass noch nicht alle Bedürfnisse erarbeitet wurden und es nochmal notwendig ist, zurück zu diesem Schritt zu kehren, um eine Manifestation dieser Ersatzemotionen zu durchbrechen und den Konflikt nachhaltig beizulegen.

---

[37] vgl. Ballreich, Glasl: Mediation in Bewegung, S. 76ff
[38] vgl. Ballreich, Glasl: Mediation in Bewegung, S. 77f

3. Einbeziehung von Minderjährigen in die Mediation

a.

Laut der aktuellen Gesetzeslage ist die kindgerechte, angemessene Beteiligung der betroffenen Kinder bei der Entwicklung eines eigenverantwortlichen, passgenauen Konzepts zur Ausübung der elterlichen Sorge erforderlich.[39] In diesem Zusammenhang sollte der Mediator mit den Eltern auf der Elternebene kommunizieren. Das Elternpaar lebt auch nach der Trennung oder Scheidung in seiner jeweiligen Rolle als Kindesmutter und Kindesvater weiter. Die Elternebene bleibt bestehen. An dieser Tatsache ändert sich nichts. Die äußeren Umstände verändern sich und bedürfen dementsprechend einer neuen Gestaltung, die die Bedürfnisse aller Familienmitglieder berücksichtigt. Daraus ergibt sich, dass das Kindeswohl ein Baustein des Familienwohls bildet.[40] Eine Besonderheit an einer Trennungs- und/ oder Scheidungsmediation ist, dass die Eltern einmal in ihrer Rolle als Eltern partizipieren und einmal als ehemaliges Liebespaar. Bei einer Mediation, bei der es inhaltlich um die Paarebene geht, sollte ein Kind nicht unbedingt beteiligt werden, da diese Ebene sich auf die Beziehung von Mutter und Vater bezieht.

Auf dieser Grundlage kann anerkannt werden, dass die Beteiligung eines Kindes im Alter von 8 Jahren erforderlich ist. Wie diese Beteiligung gestaltet werden kann, ist mit den Eltern zu vereinbaren. Eine Grundvoraussetzung für die persönliche Teilnahme des Kindes, ist die Einwilligung der Eltern. Es besteht auch die Möglichkeit, die physisch nicht anwesenden Kinder symbolisch, beispielsweise durch einen Stuhl als Stellvertreter, oder durch entsprechende Kommunikation, die den Perspektivwechsel anregt, in die Mediation miteinzubeziehen.[41]

Die Erkenntnisse aus der Literatur, die Haltung der Verfasserin und die Erfahrungen der Verfasserin, lassen eine Einbeziehung eines Kindes im Alter von 8 Jahren für bedeutsam erscheinen. Dabei ist zu berücksichtigen, dass vorab mit den Eltern abgesprochen werden sollte, zu welchen Inhalten und Themen das Kind einbezogen wird. In einem Vorabgespräch mit den Eltern wäre dieses zu klären.[42]

---

[39] vgl. Proksch, Roland: Mediation im Kinder- und Jugendhilferecht/ Sorgerecht, S. 51
[40] vgl. Duss-von Werdt, Joseph: Mediation mit Paaren und Familien, Teil 2, S. 65ff
[41] vgl. Duss-von Werdt: Mediation mit Paaren und Familien, Teil 2, S. 65ff
[42] vgl. Duss-von Werdt: Mediation mit Paaren und Familien, Teil 2, S. 69ff

Für das 8-jährige Kind selbst eröffnet die Mediation verschiedene Chancen. Das Kind bekommt die Möglichkeit, seine eigenen Interessen herauszufinden und diese auch zu verbalisieren. Diese Situation stellt besondere Anforderungen an den Mediator. Es wäre ratsam, dass dieser in der Lage ist, kindgerecht, empathisch zu kommunizieren. Darüber hinaus wäre es erforderlich, dass er das Kind kennenlernt und sich einen Eindruck über den Entwicklungsstand des Kindes verschafft, indem er mit dem Kind kommunikativ in Kontakt tritt und sich z.B. über die Schule, Hobbys und Themen aus dem unmittelbaren Lebensumfeld unterhält. Eine umfangreiche Diagnostik ist an dieser Stelle nicht notwendig und würde den Rahmen sprengen, doch ist es erforderlich, dass der Mediator sich mit der kindlichen Entwicklung befasst hat und fähig ist, zu erkennen, wie er auf der emotional-sozialen Ebene mit dem Kind in Kontakt treten und kommunizieren kann und ebenso wie das Kind sprachlich, im Sprachverstehen, im Ausdruck und im Wortschatz, ihm gegenübertritt. Aus dem Auftreten des Kindes sollte er seine Sprache und sein Vorgehen ableiten und versuchen, sich mit dem Kind zu synchronisieren. Sollte er selbst dazu nicht fähig sein, wäre ein entsprechender Co- Mediator hinzuzuziehen.

Grundsätzlich entspricht die Einbeziehung eines 8-jährigen Kindes den soziokulturellen Normen der Demokratie. Das Kind erlebt eine Form von Mitbestimmung in Entscheidungen, die seine Zukunft, seine Interessen und seinen Bedürfnissen entsprechen. Vermutlich erlebt das Kind in diesem Zusammenhang eine Form von Selbstwirksamkeit, welche sich nachhaltig auf verschiedene Bereiche seines Lebens auswirken kann. Diese Erfahrung ermöglicht dem Kind, die Ich-Identität zu erleben und zu fördern. Das Kind kann hier als eigenes Individuum seine Interessen erkennen und äußern sowie bereits Selbsterkenntnis erleben.

Häufig befinden sich betroffene Kinder in Loyalitätskonflikten. Bereits vor der Trennung ist die Familie als System im Konflikt, Kinder erleben ihre Eltern im Streit und erleben oftmals, dass die beiden Elternteile jeweils versuchen, das Kind auf ihre Seite zu ziehen. Kinder streben in der Regel danach, es ihren beiden Eltern recht machen zu wollen, da für sie beide Elternteile liebenswert und von großer Wichtigkeit sind. In der Mediation kann den Kindern ermöglicht werden, dass sie erleben, dass sie beide Elternteile gleichermaßen lieben dürfen und dass jeder in Ordnung ist, so wie er ist. In diesem Kontext ist es bedeutsam, dass die Kinder, die in einer Abhängigkeit auf verschiedenen Ebenen stehen, erfahren, dass sie von ihren Eltern so angenommen werden, wie sie sind und dass sie nicht verantwortlich für die Gefühle ihrer Eltern sind. Diese Form der Bindungserfahrungen wirkt sich prägend im positiven Sinne auf den Selbstwert des Kindes aus. Ein weiterer Grund für die Einbeziehung des Kindes, ist das Miterleben der Verhandlungssituation.[43] Das Kind nimmt sich als Teil des Familiensystems wahr. Es ist anwesend bei der Gestaltung der Zukunftssituation und erlebt diesen Prozess mit. Dieses stärkt das Vertrauen des Kindes in das Gelingen der Vereinbarungen und gibt ihm möglicherweise Sicherheit.

Die Trennung oder Scheidung der Eltern wird von Kindern als eine Krisensituation erlebt, an diese Emotionen der Angst z. B. aufgrund von Unsicherheit über die Zukunft gekoppelt sind. Die Bewältigung einer Krisensituation hat eine Steigerung der Resilienzfähigkeit zur Folge. Es findet eine persönliche Weiterentwicklung statt, welche aus dem Erleben der Selbstwirksamkeit in der Krisensituation resultiert. Das Kind gewinnt an Vertrauen in sich selbst und seine Fähigkeiten. Die Einbeziehung des Kindes in das Mediationsverfahren ermöglicht auch, beiden Elternteilen das Bewusstsein für die Bedürfnisse von Kindern zu schaffen oder zu erweitern.

Ähnlich wie für Erwachsene, bietet eine Mediation mit einem Mediator, der kindgerecht mediieren kann, den Kindern die Möglichkeit über eine dritte Person zu kommunizieren. Zunächst kann der Mediator dem Kind den Raum schaffen, sich überhaupt mitzuteilen, indem er ihm aktiv zuhört, zusammenfasst und paraphrasiert. Das Kind erhält so die Möglichkeit, sich mitzuteilen und verstanden zu werden. Aus dem Gefühl des Verstanden Werdens können Gefühle, die vorerst vorherrschend waren, verändert werden. Das Kind erfährt am eigenen Leib, dass es in Ordnung ist, so wie es ist und dass es so fühlen darf, wie es fühlt. Die Eltern erhalten die Chance, in die tieferen Schichten des Bewusstseins ihres Kindes einzutauchen und entwickeln möglicherweise mehr Empathie für das Kind. Im idealen Fall entwickeln auch die Eltern sich weiter und erkennen den Mehrwert einer bedürfnisorientierten Kommunikation. Sie haben die Chance, ihr Kind wieder anders zu erleben und es mit anderen Augen zu sehen. Daraus eröffnet sich möglicherweise ein anderes, neues Bild, das sie von ihrem Kind entwickeln dürfen.

Die Erfahrungen der Verfasserin unterstützen die vom Gesetz geforderte Einbeziehung des Kindes in den Gestaltungsprozess der künftigen

---

[43] vgl. Proksch: Mediation im Kinder- und Jugendhilferecht/ Sorgerecht, S. 52

Familiensituation. Die Verfasserin hat im Rahmen ihrer pädagogischen Tätigkeit bereits erfahren können, dass Kinder von sich trennenden Eltern das Gespräch mit einer dritten Person suchen. In diesem Zusammenhang wurden Ängste, Befürchtungen und Wünsche geäußert. Von den Kindern wurde dabei eingebracht, dass diese sich ihren Eltern so nicht mitteilen möchten, da sie die Reaktion nicht abschätzen können. Häufig wurde auch von Konflikten zwischen den Eltern zu Hause berichtet, die die Kinder mitbekamen, welche sie verunsicherten, sich mitzuteilen. Schlussfolgernd geht daraus hervor, dass Kinder ihre eigenen Ängste und Befürchtungen haben und dass sie durchaus einen Raum suchen, in dem sie sich mitteilen können, wo sie gehört werden und angenommen werden. Ein Einbeziehen in eine Mediation würde den Kindern einen entsprechenden Raum geben und würde zeitgleich den Vorteil bieten, dass die Eltern ihre Befürchtungen und Wünsche erfahren, ohne dass daraus ein weiterer Konflikt entsteht.

Abschließend kann festgehalten werden, dass es aus Sicht der Verfasserin einen Mehrwert für die Familie als System haben kann, wenn ein 8-jähriges Kind in eine Mediation miteinbezogen wird. Individuell können besondere Situationen der Kinder und/oder Eltern dazu beitragen, dass die Einbeziehung eines Kindes als nicht sinnvoll erachtet wird.[44] Dies kann beispielsweise der Fall sein, wenn das 8-jährige Kind sich sozial- emotional auf dem Entwicklungsstand eines Kleinkindes befindet. Für diesen Fall wäre eine Einbeziehung nicht der geeignete Weg, da hier der Grundgedanke der Freiwilligkeit und Selbstverantwortlichkeit angetastet wird. Ein Kleinkind ist noch nicht in der Lage, freiwillig und eigenverantwortlich zu handeln.

Die Verfasserin verfügt über einen pädagogischen Hintergrund und würde sich aufgrund der angeführten Gründe, für die Einbeziehung eines 8-jährigen Kindes in eine Mediation, aussprechen.

b.

Wie bereits in Aufgabe 3a. dargestellt, ergibt sich die aus dem § 1626 BGB die Pflicht zur elterlichen Sorge. Hier wird geregelt, dass die Eltern „die wachsende Fähigkeit und das wachsende Bedürfnis des Kindes zu selbstständigem verantwortungsbewusstem Handeln" am jeweiligen Entwicklungsstand des Kindes orientiert berücksichtigen, und nach einer einvernehmlichen Gestaltung streben sollten. Ein Jugendlicher im Alter von 16 Jahren befindet sich in der Phase der Pubertät, welche

---

[44] vgl. Proksch: Mediation im Kinder- und Jugendhilferecht/ Sorgerecht, S. 52

entwicklungspsychologisch durch die beginnende Ablösung vom Elternhaus gekennzeichnet ist. In dieser Transition wird das Bedürfnis nach Selbstbestimmung für den Jugendlichen vorrangig. Aus diesem erhöhten Bedürfnis nach Selbstbestimmung folgt, dass die Einbeziehung eines Jugendlichen im Alter von 16 Jahren wichtig ist. Die Argumente, die unter a. für die Einbeziehung eines Kindes im Alter von 8 Jahren angeführt wurden, lassen sich weitgehend auf die Einbeziehung des Jugendlichen übertragen und werden aus diesem Grund hier nicht nochmal explizit dargestellt. An den Mediator werden bei einem Jugendlichen andere Herausforderungen gestellt, da angenommen werden kann, dass die Gespräche mit dem Jugendlichen durchaus in der Sprache geführt werden können, wie sie mit Erwachsenen geführt werden. Dennoch ist es notwendig, dass der Mediator auch hier sich einen Eindruck von dem Entwicklungsstand des Jugendlichen verschafft und fähig ist, entsprechend sein Vorgehen anzupassen. Aus Sicht der Verfasserin spielt die Einbeziehung des Jugendlichen im Hinblick auf die nähere und weitere Zukunft der gesamten Familie eine elementare Rolle. Würde der Jugendliche in dem Gestaltungsprozess nicht einbezogen werden, besteht die Gefahr, dass er sich von seinen Eltern übergangen fühlt und die Beziehung langfristig leidet oder auch nach Erreichung des 18. Lebensjahres das Risiko besteht, dass der Kontakt zu den Eltern abgebrochen wird. Sofern keine Gründe existieren, die die Einbeziehung eines Jugendlichen ausschließen würden, würde die Verfasserin aus den bereits angeführten Gründen dazu raten, einen Jugendlichen in eine Mediation miteinzubeziehen.

4. Machtungleichgewicht

Grundlegend kann festgestellt werden, dass ein Konflikt bei faktischer Unfreiwilligkeit als nicht mediierbar gilt.[45] Eine faktische Unfreiwilligkeit kann nicht durch den Mediator ausgeglichen werden. Eine Konfliktpartei ist in diesem Fall so stark, dass sie die Bedingungen für die Verhandlungen festschreiben kann. Somit ist keine Ergebnisoffenheit mehr gegeben.

Jeder Konfliktfall ist von einer asymmetrischen Verteilung von Macht geprägt. Dabei ist die Macht keineswegs ein statisches Konstrukt. Die Macht variiert von Thema zu Thema, von Situation zu Situation. Daraus ergibt sich die Aufgabe für den Mediator, die Dynamik in den Machtverhältnissen zu dokumentieren und sich über den Verlauf einen Eindruck zu verschaffen.

---

[45] vgl. Kracht, S. 50

Ferner wird zwischen dem Machtpotenzial und der tatsächlich ausgeübten Macht unterschieden.[46] Der Mediator ist gefordert, die wechselseitige Machtanwendung zu beobachten und zu protokollieren, um die auftretenden Machtverhältnisse für eine Intervention zu nutzen. Insbesondere die Familienmediation ist von Machtdynamiken gekennzeichnet. Sollte der Mediator im Verlaufe ein Machtungleichgewicht feststellen, welches er nicht ausgleichen kann, ist die Mediation zu beenden. Eine Mediation hat das Ziel, dass die Parteien eine win-win-Situation schaffen. Ist erkennbar, dass dieses nicht (mehr) möglich ist, weil eine Partei durch eine Fortführung der Mediation weiter geschwächt werden würde, so muss die Mediation abgebrochen werden. Dies kann der Fall sein, wenn eine Partei die andere unter Druck setzt und jene Partei stark benachteiligt wird, wenn sie dem Druck nicht nachgibt.[47]

Ein häufig geforderter Grund zur Ablehnung oder zum Abbruch einer Mediation ist die Anwendung von Gewalt gegenüber Frauen. Es wird angeführt, dass eine Mediation nicht geeignet ist, solange die Frau mit dem gewalttätigen Partner noch in einem Haushalt lebt. Ebenso wird angeführt, dass das Aufdecken häuslicher Gewalt im Verlauf einer Mediation zu einem Abbruch führen muss.[48] Gläßer führt an, dass einige Autoren, Mediation im Fall von Beziehungsgewalt, generell ablehnen. Andere Autoren wiederum, sehen in Beziehungsgewalt eine mögliche Grenze, die der jeweilige Mediator situativ mit seiner Wahrnehmung ziehen muss.[49] Es wird angeführt, dass es zu prüfen ist, ob es sich um verschiedene Gewaltvorfälle handelt oder ob sich eine sogenannte „Misshandlungskultur"[50] entwickelt hat. Im zweiten Fall ist die Mediation nicht geeignet und muss abgelehnt werden.[51] Dauerhafte Anwendung von Gewalt schränkt die Fähigkeit zum selbstbestimmten Handeln bei der gewaltbetroffenen Person stark ein. Ein derartiges Machtungleichgewicht kann nicht vom Mediator ausgeglichen werden, da hier die Grundprinzipien der Mediation, Freiwilligkeit und Eigenverantwortlichkeit, nicht gewährleistet sind. Sollte ein Konfliktpartner nicht mehr eigenständig in der Lage sein, seine eigenen Interessen vertreten zu können, so gilt der Abbruch der Mediation.[52]

---

[46] vgl. Budde, Andrea: Der Umgang mit Machtgefällen in der Mediation, S. 55
[47] vgl. Budde: Der Umgang mit Machtgefällen in der Mediation, S. 73
[48] vgl. Budde: Der Umgang mit Machtgefällen in der Mediation, S. 73
[49] vgl. Gläßer, Ulla: Mediation und Beziehungsgewalt, S. 297
[50] Gläßer: Mediation und Beziehungsgewalt, S. 298
[51] vgl. Gläßer, Ulla: Mediation und Beziehungsgewalt, S. 298
[52] vgl. Gläßer, Ulla: Mediation und Beziehungsgewalt, S. 301

Literaturverzeichnis

Ade, Juliane; Alexander, Nadja: **Mediation und Recht**- Eine praxisnahe Darstellung der Mediation und ihrer rechtlichen Grundlagen

(Wolfgang Metzner Verlag, 3. neubearbeitete Auflage, Frankfurt am Main 2017)

Ballreich, Rudi; Glasl, Friedrich: **Mediation in Bewegung**, Ein Lehr- und Übungsbuch mit Filmbeispielen auf DVD

(Concadora Verlag GbR, 2. Auflage, Stuttgart 2011)

Budde, Andrea: **Der Umgang mit Machtgefällen in der Mediation**

(Studienkurs 71064 im Master of Mediation der FernUniversität Hagen 2015)

Duss- von Werdt, Joseph, **Mediation mit Paaren und Familien**, Teil 2: Verlauf und Methoden der Scheidungsmediation

(Studienkurs 71070/2 im Master of Mediation der FernUniversität Hagen 2014)

Duss- von Werdt, Joseph, **Systemische Einführung in die Mediation**

(Studienkurs 71951/3 im Master of Mediation der FernUniversität Hagen 2017)

Fischer, Christian; Unberath, Hannes (Hrsg.): **Grundlagen und Methoden der Mediation**, Tagung vom 22./ 23. März 2013 in Jena

(Beck Verlag, München 2014)

Gläßer, Ulla: **Mediation und Beziehungsgewalt**

(Nomos Verlag, 1. Auflage, Baden Baden 2008)

Hinrichs, Ulrike (Hrsg.): **Praxishandbuch Mediationsgesetz**

(Walter de Gruyter, Berlin/ Boston 2014)

Kracht, Stefan, **Aufgaben des Mediators**

(Studienkurs 71053 im Master of Mediation der FernUniversität Hagen 2017)

Ponschab, Reiner, **Mediation und Litigation**

(Studienkurs 71051/2 im Master of Mediation der FernUniversität Hagen 2020)

Rosenberg, Marshall B., **Gewaltfreie Kommunikation: Eine Sprache des Lebens**

(Junfermann Verlag, 12. Auflage, Paderborn 2016)